Introducción a la

Espiritualidad Ignaciana

para

Laicos

Paul E. Bangasser

Prólogo de
Louis Christiaens, S.J.

CONTENIDO

Prólogo de Louis Christiaens, S.J.	i
Prefacio	iii
Introducción	1
Sección I. Conceptos básicos de la oración ignaciana	
1. El sentido de la vida, especialmente la mía	5
2. Orar es humano	6
3. Orar abarca todo lo que soy	6
4. La actitud del silencio, la escucha, la presencia respetuosa	7
5. Petición de una gracia	7
6. Apegos desordenados	7
7. Indiferencia ignaciana	8
8. Movimientos del espíritu	8
9. Discernimiento	9
10. Revisión y apuntes en el diario	10
11. Orar con las escrituras: la "Palabra Viva"	11
12. Entrega activa, entusiasta, gozosa	12
13. Coloquio para conversar con Dios	12
14. Repetición	12
15. La paciencia, la perseverancia, la práctica	13
16. En relación con la iglesia institucional	13
17. Magis y la acción apostólica	15
18. Mi vida como un peregrinaje	16
"La valentía de aceptar la aceptación" — P. van Breeman	18
Sección II. Ejercicios espirituales personales	
A. Ejercicios en la vida diaria	19
1. Al levantarse	20
2. Tiempo de oración formal diario	20
3. Revisión del Día — El Examen	23
B. Ejercicios ocasionales – retiros ignacianos	24
1. Un retiro ignaciano	24
2. Tiempo de oración en un retiro ignaciano	26

3. Algunos ejercicios específicos 28
   a. meditando un pasaje de la Escritura 28
   b. ejercicios sobre apegos desordenados 29
      i. el examen de una falla en particular 30
      ii. un examen general de conciencia 31
   c. otros ejercicios de vez en cuando 32
      i. contemplación sobre una oración tradicional 32
      ii. orar con la respiración rítmica 33
      iii. contemplación para alcanzar amor 34

C. Acompañamiento espiritual 35

"A una rosa" — Bernard Bro 37

Sección III. Espiritualidad ignaciana con los demás
A. Espiritualidad ignaciana en la pareja y familia 38
B. Grupos de oración ignaciana 40
C. El compartir espiritual y la escucha activa 42
D. Retiros de grupo y pareja 44
E. Discernimiento en grupo y pareja 45
   1. Discernimiento continuo 46
   2. Ejercicio de discernimiento puntual 47

"Enséñame, oh Dios, a escuchar" — John Veltri, S.J. 49

Conclusión 50

Materia Adicional 52
A. Los escritos de, y sobre, San Ignacio 52
B. Guías, manuales, interpretaciones 52
C. Sitios útiles en la internet 53

Notas Personales 55

Prólogo

En Ginebra, desde el 1996, un grupo ecuménico de laicos cristianos organiza, tres veces al año, un día de "Camino Ignaciano" al que asisten alrededor de cuarenta personas.

Estos momentos de contemplación son oportunidades que ofrecen un alto a aquellos que llevan una vida dispersa y sobrecargada, y anhelan una vida interior en la presencia de Dios en el espíritu de los Ejercicios Espirituales de San Ignacio de Loyola,.

El Camino Ignaciano es una iniciación práctica a la oración personal y comunitaria para el discernimiento espiritual en la vida cotidiana.

Durante estas horas de silencio, reflexión y oración, los participantes están invitados a tomar el tiempo para realizar que Dios, nuestro Padre, viene a nosotros en nuestra vida diaria. ¡Él ya está esperando por nosotros!

En las regiones desconocidas de nuestro ser, cerca de Cristo Resucitado, el Espíritu Santo, con su dulzura y fuerza, suavemente nos guía por un camino que nos lleva a la vida verdadera.

Las sugerencias hechas durante estos días se inspiran en los Ejercicios Espirituales de San Ignacio de Loyola (1491-1556), fundador de la Compañía de Jesús (1540), mejor conocida como los Jesuitas.

Este trabajo, realizado por Paul Bangasser y su esposa Claire, saca a la luz la excelente colaboración de los facilitadores de estos oasis de descanso espiritual: Hna. Bernadette Fernando SCC, Wendy Martinek, Simone y Nick Meyer, Yvette Milosevic, Mary Talbot, Rev. Maree Wilson, Patricia Laurie, Pierre Angleys, Tony Thomas, Vincent Hatton, y muchos otros.

También se beneficia de la experiencia adquirida por Paul y Claire Bangasser al participar, en Puerto Rico, con las Comunidades de Vida Cristiana y, en Ginebra, con el Movimiento Ecuménico de Cursillos.

Es bueno recordar que el camino de Ignacio de Loyola (Iñigo para su familia) fue primeramente el de un laico, que nacido en una familia rica se convirtió por la gracia de Dios en "compañero de Jesús", con una constante preocupación por "ordenar su vida para no tomar decisiones que resulten de un afecto desordenado." [EE #21]

Los Ejercicios Espirituales son el fruto de las reflexiones hechas por San Ignacio mientras buscaba tener una experiencia interior del Cristo vivo, del amor de Dios. El texto de los Ejercicios Espirituales, publicado en 1548, no es para leerlo, sino para ponerlo en práctica acompañado por alguien que ya los ha hecho.

La espiritualidad ignaciana, por lo tanto, se basa en una pedagogía metódica que establece un método pedagógico con un objetivo: conocer a Dios. Y, con este objetivo en mente, sugiere las rutas para evitar caminos ilusorios equivocados,.

El Camino Ignaciano se presenta como una serie de modestas sugerencias "para buscar y encontrar la voluntad de Dios" en la vida cotidiana. Para un cristiano en el mundo actual,

"... porque no el mucho saber harta
y satisface el ánima,
mas el sentir y gustar de las cosas internamente".
[EE #2][1]

En otras palabras, la mejor manera de acercarse a lo que se presenta en este folleto será entrar personalmente en una u otra de las sugerencias dadas aquí. Y, por supuesto, cada lector se beneficiará, más adelante, al hacer los 'Ejercicios Espirituales' de San Ignacio en un retiro de cinco u ocho días o más.

Louis Christiaens, S.J.
Ginebra, octubre de 2013

---

[1] Véase primera nota de la Introducción que explica la numeración del texto de párrafos de Los Ejercicios Espirituales.

Prefacio

Este librito surge de los esfuerzos de un grupo de laicos dentro de la comunidad angloparlante de Ginebra, mientras se desarrollaban como comunidad de oración con base ignaciana. The Ignatian Way, un grupo laico en la zona de Ginebra, ofrece una serie de retiros breves y ecuménicos que siguen los principios de oración Ignaciana. También alientan a los participantes a que desarrollen su vida espiritual mediante la oración personal cotidiana y retiros ocasionales más largos.

Este folleto ayuda en ese proceso, al explicar algunos conceptos básicos de la espiritualidad ignaciana y al sugerir algunas "ejercicios espirituales" diarios y sencillos que pueden ser incorporados en la vida de la mayoría de las personas laicas. También anticipa un resumen de los ejercicios espirituales que pueden encontrarse durante un retiro ignaciano más estructurado.

La Comunidad de Vida Cristiana de Puerto Rico (CVX-PR) también ha contribuido a este folleto, especialmente en lo que respecta a oración en grupo y discernimiento.

La versión original fue hecha en inglés por este servidor, con comentarios y sugerencias de Claire Bangasser, Nick y Simone Meyer, Richard Pastush, Glorín Ruiz y Tony Thomas. Esta traducción en español fue realizada por Glorín Ruiz, George y Nancy Joyner, y Hna. María Milagros Carbonell Esteva RSCJ.

Un agradecimiento especial al Père Louis Christiaens, S.J. por acercar la espiritualidad ignaciana a nosotros los laicos. Su entusiasmo y liderazgo inspirador ha hecho que estos días del Camino Ignaciano sean muy gratificantes para todos los que participan. Sus directrices para la oración, sencillas y prácticas, han permitido que podamos incorporar esta tradición en las rutinas de nuestras ocupadas vidas. Sin su guía, aliento y paciencia incansable hasta el final, probablemente este libro nunca hubiera visto la luz del día.

A menos que se indique lo contrario, el material se sintetiza a partir de varias traducciones de los escritos de San Ignacio. Hemos tratado de simplificar y "modernizar" el español de San Ignacio del siglo 16 y también presentar sus ideas más desde la perspectiva del desarrollo personal y espiritual, que desde el punto de vista de ofrecer dirección espiritual a los demás, lo cual fue el objetivo original de San Ignacio.

Espero que aquellos novatos en la espiritualidad ignaciana y los que están considerando esta rica y gratificante tradición para desarrollar su vida espiritual, encuentren en este librito un buen punto de partida. Los que ya están familiarizados con la espiritualidad ignaciana y que deseen introducir a otras personas también pueden encontrar este folleto útil.

Paul E. Bangasser
San Juan, octubre de 2013

INTRODUCCIÓN

> *"Y como lo propio del estado seglar es vivir en medio del mundo y de los negocios temporales, Dios llama a los seglares a que, con el fervor del espíritu cristiano, ejerzan su apostolado en el mundo a manera de fermento."*
>
> Concilio Vaticano II,
> *Apostolicam Actuositatem*
> (Decreto sobre el Apostolado de los Seglares
> Capitulo I.3 final)
> 18 de noviembre del 1965

La espiritualidad ignaciana para el Apostolado Laical

Cada laico tiene una vocación, una llamada específica a la construcción del Reino de Dios. Las personas laicas participan en la vida del Cuerpo de Cristo, junto con el clero, cada cual con su propia función particular y a través de las distintas capacidades de cada persona. La persona laica tiene el potencial de actuar en el mismo corazón del mundo secular, en situaciones y maneras a veces cerradas para los miembros del clero. Es más, una persona laica puede hablar con sus pares como un participante de los asuntos seculares, lo cual hace su perspectiva desde el punto de vista laical distinta a la de los religiosos. Esta diferencia de perspectiva implica una percepción específicamente laical en cuanto a las cuestiones morales y sociales y cómo hacerles frente.

Dios me ama y me llama, desde donde estoy y como soy. A mí me toca responder. Si bien el llamado que Dios me hace es continuo, su misión específica para mí evoluciona al igual que yo también evoluciono y cambian las circunstancias que me rodean. Por lo tanto, mi respuesta debe ser similar: constante pero evolucionando con mi vida. Esto implica que escucho y respondo a esta "llamada en evolución" a través de la práctica regular de "ejercicios espirituales", los cuales son el objeto de este folleto.

En palabras de San Ignacio de Loyola en su obra espiritual clásica del siglo décimo sexto:

> "así como el pasear, caminar y correr son ejercicios corporales, por la misma manera, todo modo de preparar y disponer el ánima para quitar de sí todas las afecciones desordenadas y, después de quitadas, para buscar y hallar la voluntad divina en la disposición de su vida para la salud del ánima". [EE #1][1]

Al igual que los ejercicios físicos, los ejercicios espirituales dan sus frutos de manera progresiva según los integro en la rutina de mi vida. Estos 'frutos' se hacen visibles en forma gradual. Sea que nos lleven a grandes cambios importantes o no, estos siguen siendo transformantes, haciendo de mí una persona laical que cristianiza como "levadura en el orden secular".

Cómo utilizar este folleto

Así como un persona puede aprender a nadar o correr bicicleta o conducir un carro, así también cualquier persona puede llegar a dominar estos ejercicios espirituales, pero requiere un cierto esfuerzo. Si yo quisiera, por ejemplo, aprender a nadar, no es suficiente leer un libro sobre la natación para entonces pensar que ya sé nadar. Tendría que meterme en el agua bajo la atenta mirada del instructor de natación y después de salpicar y practicar, no tardaría en cogerle el golpe. Lo mismo ocurre con muchas actividades humanas. Una vez que haya aprendido lo básico, se mejora principalmente a través de la práctica.

Así es también con la oración. Este folleto me ayuda a empezar, a llamar la atención a puntos o aspectos que pueden pasar inadvertidos, y me da un lugar de referencia para ayudar a recordar o refrescar. Pero aprendo a orar sobre todo orando. Aprendo la oración ignaciana haciendo ejercicios espirituales ignacianos. Cuanto más practique estos ejercicios espirituales, más

---

[1] Originalmente el libro de San Ignacio de los Ejercicios Espirituales tenía muy pocos encabezamientos, pero cada párrafo tenía número. Es esa numeración de párrafos la que utilizamos para citar secciones específicas de los Ejercicios Espirituales.

fácil y más "natural" se hacen, y más aprendo a encontrar a Dios en todas las cosas y a crecer en una mayor conciencia de su amor por mí. Esto me lleva a querer responder a Su amor para servirle en todas las dimensiones de mi vida.

La manera como he llegado a la espiritualidad ignaciana es tan única como mi camino espiritual individual. Pude haber ido a un colegio o Universidad Jesuita; o haber hecho un retiro ignaciano, o puedo tener un amigo que practica la espiritualidad ignaciana, o ser parte de un grupo de oración que utiliza la oración ignaciana, o simplemente que haya oído acerca de la espiritualidad ignaciana y tenga curiosidad por aprender más. Lo importante no es cómo llegué aquí, pero a dónde quiero ir.

Este folleto ayudará a iniciarme en este viaje espiritual personal. Está diseñado no sólo para ser leído sino para ser "utilizado": subrayando y haciendo notas marginales, saltando con frecuencia de una sección a otra, teniéndolo cerca mientras aprendo a orar, trayéndolo conmigo cuando me encuentro con mi director espiritual o al ir a un retiro o a un grupo de oración.

Para usar nuevamente el ejemplo de aprender a nadar, esta es una herramienta que puedo "llevar al agua conmigo" cuando empiezo con la espiritualidad ignaciana. Los márgenes de las páginas son generosos para dejar espacio para los comentarios. Hay un cuadro detallado de los contenidos dentro de la portada y una página de notas personales en la parte posterior.

Organización del Folleto

Este manual está organizado en tres secciones sustantivas, cada una con un enfoque distinto.

La primera sección es conceptual, presentando algunos conceptos básicos que, en conjunto, dan a la espiritualidad ignaciana su sabor único. Cada concepto se atiende brevemente, y merecen mucha más atención para desarrollarse.

La segunda sección es operacional; describe algunos ejercicios espirituales específicos que puedo integrar en mi vida como una persona laica. Estos incluyen: (a) ejercicios diarios personales que hago parte de la rutina de cada día, (b) ejercicios espirituales que probablemente encontraré en un retiro ignaciano, y (c) la práctica ignaciana de tener un director espiritual personal. Estas son cosas que puedo hacer, acciones que puedo tomar.

La tercera sección propone algunas ideas para integrar la espiritualidad ignaciana a mis relaciones con los demás. Para muchos laicos, su relación más importante es la pareja. ¿Cómo podría yo integrar la espiritualidad ignaciana en la relación con mi cónyuge? Además, cada vez más, grupos de laicos se reúnen para fortalecer la dimensión espiritual de sus vidas. Esta sección presenta algunas ideas sobre pequeños grupos de oración que siguen las prácticas de oración de San Ignacio.

En esta sección también se consideran tres cuestiones específicas importantes de la espiritualidad ignaciana que involucran a otros; (1) el compartir personal y la escucha activa, (2) retiros de grupo o en pareja, y (3) el discernimiento comunitario.

El folleto concluye con algunas fuentes sugeridas que podrían ser de ayuda para encontrar y servir a Dios en mi vida como persona laica. Estos incluyen los propios escritos de San Ignacio, manuales y directrices generales sobre la espiritualidad ignaciana, y algunos sitios de la creciente comunidad en Internet de la espiritualidad ignaciana.

Un comentario sobre el estilo.

En última instancia, este es un camino único que solo yo puedo hacer. Así que este libro está escrito principalmente en la primera persona del singular, — "yo". Después de todo, yo aprendo a orar, yo hago estos ejercicios espirituales, yo me relaciono con los demás, y yo respondo a la invitación de Dios para ser Su apóstol en el mundo concreto donde yo vivo.

Sección I.
Conceptos Básicos de la Oración Ignaciana

Algunas características generales dan a la oración ignaciana su sabor distintivo. Si bien comparte algunas de esas características, en mayor o menor grado, con otras tradiciones de oración, en conjunto estas hacen que la oración ignaciana sea especialmente adecuada para la inmensa variedad e individualidad de la vida moderna. Los párrafos que siguen exponen muy brevemente algunas de estas características generales. Cada una se desarrollará con más detalle según sigamos avanzando en esta tradición espiritual.

1. El sentido de la vida, especialmente la mía

San Ignacio comienza sus Ejercicios Espirituales con la siguiente declaración, que él llama "Principio y Fundamento":

> *"El hombre es creado para alabar, hacer reverencia y servir a Dios nuestro Señor, y mediante esto salvar su ánima; y las otras cosas sobre la faz de la tierra son creadas para el hombre, y para que le ayuden en perseguir el fin para el que es creado". [EE # 23]*

Si se actualiza haciendo género sensible su español del siglo dieciséis, esta declaración podría ser reformulada hoy de la siguiente manera:

toda la vida, incluyendo la mía, encuentra su sentido en esa misteriosa Presencia Divina que trae vida de la nada y la sostiene. Esta presencia, por falta de una palabra mejor, la llamo Dios, quien me ama profundamente. A medida que voy realizando este amor divino yo naturalmente quiero alabar y honrar y servir a Dios. Al hacerlo, encuentro mi realización personal y gozo duradero.

Como el Padre me amó, también yo los he amado a ustedes. Permanezcan en mi amor. Si cumplen mis mandamientos, permanecerán en mi amor, como yo cumplí los mandamientos de mi Padre y permanezco en su amor. Les he dicho esto para que mi gozo sea el de ustedes, y ese gozo sea perfecto.
Juan 15:9-11

Esta no es una hipótesis que debe ser discutida o debatida. Es un axioma fundamental, una puerta de entrada a una vida plena y feliz, algo que debe ser experimentado, no explicado. Este Dios, a quien puedo sentir sin poderlo abarcar, me invita a eso, a experimentar Su amor misterioso y abrumador por mí, su hijo, su hija; y luego a unirme a Él dando a este amor una expresión real en mi vida, sobre todo en mis relaciones con Sus otros hijos e hijas.

Todos los conceptos y ejercicios que siguen están orientados a este "principio y fundamento" de mi vida:

— encontrar a Dios en todo, y
— amar y servirle sobre todo.

2. Orar es humano

La oración es la respuesta humana a la invitación de Dios. El elevarme en oración hacia Dios brota de mi más profunda naturaleza humana. De hecho, a medida que aprendo "a alabar y hacer reverencia y servir a Dios", encuentro la plenitud de vida que Dios quiere que yo experimente. A través de la oración, encuentro mi verdadero yo y descubro la voluntad de Dios para mí, su hija o hijo único y amado. A través del amor y la gracia de Dios, y mi respuesta en la oración, es que mi naturaleza humana encuentra su plenitud. Voy progresivamente desarrollándome en esa única persona que Dios quiere que yo sea.

3. Orar abarca todo lo que soy

La oración es un acto esencialmente humano. Dios me invita, pero no me hace orar. La oración es mi respuesta a la llamada de Dios, una respuesta en el contexto de mis circunstancias específicas. Esta respuesta implica mi pleno "yo",
— cuerpo, mente, voluntad,

¿Qué debo hacer entonces? Orar con el espíritu y también con la inteligencia, cantar himnos con el espíritu y también con la inteligencia.

1 Cor 14:15

memoria, emociones, operaciones, acciones, historia personal, debilidades y fortalezas, ... todo en mí.

4. La actitud de silencio, la escucha, la presencia respetuosa

Al cultivar una relación personal con Dios mediante la oración, recuerdo que yo soy la parte 'menor' de la relación, no la principal. Como dice San Ignacio, he nacido para "alabar, hacer reverencia y servir a Dios", no para arreglar lo que yo creo que son Sus errores u omisiones. Orar, por lo tanto, también significa escuchar lo que Dios me dice: ... a través de las relaciones y circunstancias que me rodean, a través del flujo y reflujo de la vida cotidiana, y a través de los pensamientos y sentimientos que vienen a mí cuando oro. Una parte importante de la oración ignaciana es aprender a escuchar esa voz suave, susurrante, que Dios parece preferir. Escuchar esa voz suave requiere de mí una actitud de silencio interior, de escucha y de respeto a la presencia de Dios en mí y en lo que me rodea.

5. Petición de una gracia

Aunque menor, soy socio activo en la relación con Dios. De hecho, yo soy hija/hijo amado de Dios y heredero, no esclavo o siervo. Jesús le preguntó al ciego Bartimeo: "¿Qué quieres que haga por ti?" (Mc 10:51) Él me hace la misma pregunta. Sin miedo o vergüenza o duda, le digo a Dios lo que está en mi corazón, lo que quiero. Por lo tanto, cuando rezo, pido a Dios por la gracia o bendición que me gustaría que me conceda hoy ... específica y concretamente.

6. Apegos desordenados

A pesar de que Dios me hizo a Su imagen, siento dentro de mí una gran variedad de "... sentimientos de agrado y desagrado que brotan en (mi) corazón y pueden impedir (mi) juicio objetivo, ... que alteran (mi) percepción de la realidad".[1] Estos gustos y aversiones no son necesariamente malos en sí mismos. Ellos son "desordenados" cuando me alejan de la razón por la cual fuí creado / creada — "para alabar hacer reverencia y servir" a Dios ... dónde estoy y como soy. Para crecer espiritualmente, por lo tanto, debo identificar y reconocer cualquier desorden y, con la gracia de Dios, reordenarme a mí mismo / a mí misma hacia Su voluntad para conmigo.

> Si decimos que no tenemos pecado, nos estamos engañando a nosotros mismos, y la verdad no está en nosotros. Pero si confesamos nuestros pecados, él, que es fiel y justo, nos perdonará nuestros pecados y nos limpiará de toda maldad.
>
> 1 Juan 1:8-9

7. Indiferencia Ignaciana

Mi objetivo es una actitud de indiferencia santa. Como San Ignacio dice,

> *"Es menester hacernos indiferentes a todas las cosas creadas.... en tal manera que no queramos de nuestra parte más salud que enfermedad, riqueza que pobreza, honor que deshonor, vida larga que corta, y por consiguiente en todo lo demás; solamente deseando y eligiendo lo que más nos conduce para el fin que somos creados."* [EE #23]

8. Movimientos del espíritu

Para ordenar mis apegos interiores hacia la voluntad de Dios y no hacia la mía, aprendo a observar los movimientos de espíritus que se dan dentro de mí. Estos movimientos vienen generalmente en dos formas:

a) consuelo espiritual "... *cuando en el ánima se causa alguna moción interior, con la cual viene el ánima a inflamarse en amor de su Creador y Señor ...* (y que causa) *un aumento de esperanza, fe y caridad y la ... alegría interna que llama y atrae a las cosas celestiales, y a la*

---

[1] Joseph A Munitz & Philip Endean (Eds.); *Saint Ignatius of Loyola - Personal Writings*; The Penguin Classics Series; 1996; glossary.

propia salud de su ánima, quitándola y pacificándola en su Creador y Señor." [EE #316]; y

b) desolación espiritual *"... la oscuridad del ánima, turbación en ella, moción a las cosas bajas y terrenas, inquietud de varias agitaciones y tentaciones que conducen a la pérdida de la fe, sin esperanza y sin amor, hallándose toda perezosa, tibia, triste y como separada de su Criador y Señor".* [EE #317].

Estos movimientos del espíritu son aspectos importantes para reconocer si estoy o no alineado con la voluntad de Dios. Desarrollar la habilidad para reconocer la "consolación" y "desolación" interior es fundamental para la oración ignaciana.

9. Discernimiento

En la medida que, poco a poco, me libero de los afectos desordenados, cultivo un espíritu de indiferencia ignaciana y desarrollo el hábito de notar los movimientos de espíritus dentro de mí, aprendiendo a discernir la voluntad de Dios para mí. Aprendo a comprender lo que Dios me "dice" a mí personalmente, aquí, hoy.

"El discernimiento (es) la cualidad Ignaciana por excelencia, y la clave de todo el proceso de los Ejercicios, los cuales están diseñados para facilitar una apreciación justa, delante de Dios, de los movimientos sentidos en el corazón y sopesados en la mente; ... el descubrimiento de Ignacio de esta habilidad provocó su conversión, y lo guió durante toda su vida". [2]

El discernimiento puede ser de dos tipos:

- ***El discernimiento continuo*** — aprender a cultivar el hábito, en mi vida diaria, de una atención de todos mis movimientos de consolación y desolación. Una manera práctica de cultivar este hábito es a través del "examen" diario o la revisión del día (pp. 23-24).

---

[2] Ibid

- **Un ejercicio de discernimiento puntual** — que se vincula con una decisión importante o una elección que estoy enfrentando. Se trata de un proceso más estructurado, y se realiza bajo la guía de un director espiritual (pp. 36-37).

El discernimiento también puede ocurrir en el contexto de una pareja o en grupo de oración, que se discute en la Sección III que mira a la espiritualidad ignaciana con los demás (pp. 46-49).

10. Revisión y apuntes en el diario

La oración ignaciana incluye retrospección frecuente, mirando hacia atrás con el fin de identificar dónde y cómo Dios me habló. En retrospectiva: ¿qué quería decir? ¿Escuché? En cuanto a cualquier "afecto desordenado" con el que pueda estar trabajando, miro hacia atrás para detectar lo que parece provocarlo. También busco cualquier "movimiento de espíritu", sentimientos de consolación y de desolación (véase más arriba, nº 8), y si vienen de Dios o de "el Maligno". Miro hacia atrás para identificar cuándo y cómo Dios estaba presente, incluso si no lo sentí en el momento.

Esta práctica de la revisión periódica se explica con más detalle en el ejercicio diario de Revisión del Día (pp. 23-24).

El hermano gemelo de la revisión es el diario, donde anoto con regularidad en un papel, el flujo y reflujo de mi camino personal espiritual. Las anotaciones son mi registro en el diario sobre mi revisión, ya que "extrae" los frutos de mi camino espiritual. El diario me ayuda a enfocar en estos frutos, para cristalizarlos en lecciones o direcciones específicas para el crecimiento espiritual. El mantener este diario espiritual es útil como un registro de mi peregrinación para, por ejemplo, cuando me reúno con mi director espiritual (pp. 36-37), o para que me ayude a recordar más adelante varios 'movimientos' o luces durante un retiro (p. 25). Llevar un diario espiritual también proporciona una manera de mirar hacia atrás en el tiempo para recordar las gracias que he pedido, y cómo estas oraciones fueron contestadas, tal vez de una forma no esperada.

11. Orar con las escrituras: la "Palabra Viva"

Las Escrituras juegan un papel importante en la oración ignaciana. Dios me habla de muchas maneras; una de ellas es a través de la escritura, su "Palabra Viva". Los pasajes de la Escritura se utilizan tanto en mis sesiones de oración diaria (p. 20), como varias veces al día en las sesiones de oración en un retiro ignaciano, (pp. 26-28).

En ambas situaciones, veo el pasaje como un momento de escucha, no como un ejercicio intelectual. Este "escuchar" toma la forma de una pregunta doble: ¿Qué dice este pasaje 1) a mí personalmente, y 2) aquí, ahora, en mis actuales circunstancias? Esto requiere tomar el pasaje más allá de su significado histórico general y colectivo para llevarlo a su significado muy personal y especial para mí ahora, donde yo me encuentro en este momento.

Esta "personalización" del texto requiere más que implementar mis facultades intelectuales de análisis e interpretación. También debo hacer valer las facultades afectivas, como la imaginación y el sentimiento. "Entro" en el pasaje, me convierto en parte de la escena, escucho las voces, oigo los sonidos, siento el ambiente, huelo los olores, comparto las emociones, puedo participar en las actividades: ... yo estoy ahí. Con la vista imaginativa, traigo la historia a mi vida real de hoy.

Dios me habla con pasión, y así debo escuchar. Dejo que el pasaje me "mueva". Observo, sobre todo, cualquier movimiento de espíritu que el pasaje provoca en mí. ¿Cómo me hace sentir este pasaje?

A medida que "abra" un pasaje y lo "escuche" hablarme a mí, en mi vida real, de hoy, entonces la escritura se convierte verdaderamente en "Palabra Viva" de Dios.

12. Entrega activa, entusiasta, gozosa

Acatamiento, la palabra que San Ignacio utiliza para someterse a la voluntad de Dios, se traduce con torpeza en el español moderno. Presentado hoy en día lleva una connotación negativa y pasiva, que no es parte del significado de San Ignacio. ¡Todo lo contrario! Tal vez ¨entregarme¨ es una mejor palabra, pues trae consigo sentimientos de alegría y entusiasmo, un abrazar activo de este camino que he discernido que Dios quiere para mí. Si en verdad siento el peso, la carga, apatía, resistencia, es probable que Dios no me llama en esta dirección.

> *"Para ser santo, no se requiere pues solo el ser instrumento de Dios, sino el ser instrumento dócil: el querer hacer la voluntad de Dios."*
>
> San Alberto Hurtado, S. J.

13. Coloquio: para conversar con Dios

Coloquio es un término cuasitécnico utilizado por San Ignacio para un diálogo íntimo y personal con Dios. Usualmente es parte de cada sesión de oración. San Ignacio anima a la conversación familiar, como entre dos amigos muy cercanos y cariñosos, para la culminación de cada ejercicio. "Llama a una reverencia especial (EE # 3), situada normalmente hacia el final, siguiendo el movimiento general de la oración desde la mente al corazón." [3]

14. Repetición

Esta palabra también tiene un significado un tanto especial en la espiritualidad ignaciana. Especialmente durante un retiro más largo, un ejercicio específico puede "repetirse". Esto no es simplemente hacerlo de nuevo, sino más bien tomando el ejercicio (o más bien dejar que el ejercicio me lleve) a un nivel cada vez más profundo. "Repito" el ejercicio y cada vez noto tanto lo que me gusta como lo que me disgusta, ... las partes más importantes en que yo encontré una cierta comprensión, consolación o

---

[3] Ibid.

desolación (p. 8). Yo permito que la oración "brote, sin prisa o tensión mientras el ritmo ... se mueve desde la cabeza hasta el corazón."[4]

15. La paciencia, la perseverancia, la práctica

La espiritualidad ignaciana, como cualquier tradición espiritual, da fruto poco a poco. La práctica habitual de estos ejercicios espirituales definitivamente va a cambiar mi vida, pero probablemente no de una manera dramática repentina. Se necesita tiempo, esfuerzo y paciencia para sentirse cómodos con ellos, y se requiere perseverancia para que se conviertan en parte del tejido de mi vida diaria. Pero es aquí donde se producen sus frutos: en mi rutina diaria, en mi vida ordinaria como persona laica. Al igual que con cualquier cosa que vale la pena, debo acercarme a estos ejercicios espirituales con paciencia y perseverancia, reafirmándome en ellos, incluso cuando pueda sentir sequedad y parecerme que la experiencia es infructuosa.

16. En relación con la Iglesia institucional

San Ignacio llega al final de sus Ejercicios Espirituales con dieciocho "reglas" para "el sentimiento correcto" que debemos mantener con la Iglesia institucional. Con un poco de actualización, tomando en cuenta los cambios desde que San Ignacio las formuló estas "directrices, directivas, normas o sugerencias que se aplican

"¿Crean ustedes que por sus debilidades (de la Iglesia), Cristo la abandonará? Por más que su Iglesia, y la nuestra, esté manchada por nuestros fracasos, más fiel será su amoroso cuidado a ella. Cristo no negará su propia sangre."

Dom Helder Camara
El Desierto Fértil

---

[4] Ibid.

con prudencia",⁵ se pueden resumir en los siguientes principios generales.

   A. *Yo debo continuar participando activamente en la vida sacramental y litúrgica de la Iglesia de acuerdo a mis circunstancias personales y habilidades. Estos ejercicios espirituales ignacianos mejoran, amplían y profundizan esta participación, pero no son sustitutos de la misma.*
   B. *Debo mantener una estima respetuosa de la doctrina litúrgica, las tradiciones morales, y las enseñanzas sociales de la Iglesia, dándoles el beneficio de la duda cuando mis puntos de vista personales sean divergentes.*
   C. *Debo mantener una estima respetuosa similar hacia la estructura jerárquica de la Iglesia institucional.*

Para San Ignacio, "la Iglesia fue una madre y una institución divinamente establecida; una realización del Reino de Cristo. A pesar de estar dolorosamente consciente de sus defectos, la amaba y buscaba su renovación — pero sus tácticas eran tranquilas, positivas y constructivas.". ⁶

Teniendo en cuenta los muchos cambios que han habido desde que se formularon estas "reglas", y siendo uno de los de mayor importancia el que ahora hay un laicado mucho mejor educado, informado e involucrado, se podría añadir un cuarto principio general para nuestros tiempos:

   D. *Mi mandato apostólico como persona laica pide de mi totalidad, incluyendo mis capacidades críticas y analíticas y mi conocimiento práctico del mundo. La Iglesia, el Cuerpo de Cristo, quiere que me entregue completamente para responder a esta llamada, no como un sirviente o esclavo, sino como un heredero y amado hijo/hija: una parte valiosa y única de este Cuerpo.*

---

⁵ Varias ediciones contemporarias de Los Ejercicios Espirituales notan este sentido de la palabra 'reglas' que usa San Ignacio. La citación viene de George E Ganss, SJ (Ed.); *Ignatius of Loyola, The Spiritual Exercises and Selected Works*; Paulist Press, The Classics of Western Spirituality Series, 1991, notas 100 y 151.

⁶ Ibid, nota 152.

17. Magis y la acción apostólica

Magis, del latín "más", es la chispa activa en mi espiritualidad ignaciana. Mi crecimiento espiritual personal me lleva de forma natural a preguntarme: ¿qué **más** puedo hacer, cómo **mejor** puedo servir a mi Padre amoroso?

Como San Ignacio dice, "el amor debe manifestarse en hechos y no palabras" [EE # 230]. El Magis me mueve a la(s) acción (es) apostólica(s) específica(s) y concreta(s). Esto puede tomar muchas formas diferentes, y evolucionará a medida que evoluciona mi propia vida. Sin embargo, tres temas relacionados le subyacen.

"Repréndenos, Señor, cuando estemos muy complacidos con nosotros mismos ; cuando nuestros sueños se hayan hecho realidad por ser muy tímidos; cuando hayamos llegado a puerto seguro por navegar muy cerca de la orilla.
Mándanos, Señor, a aventurarnos con más valor, al mar abierto donde tus tormentas nos sobrecojan con tu majestad, y perdida ya de vista la tierra, encontremos las estrellas."

Sir Francis Drake
(1540 - 1596)

En primer lugar es una **"opción preferencial por los pobres"** — los marginados, los oprimidos, los solitarios, los sin poder — las "viudas y huérfanos" de la Biblia.

El segundo es **"el apostolado de igual a igual"** - "es decir, el esfuerzo por llenar de espíritu cristiano el pensamiento y las costumbres, las leyes, y las estructuras de la comunidad en que (yo vivo), hasta tal punto es deber y carga de los laicos, que nunca lo pueden realizar convenientemente otros."[7].

"..y donde andan, proclamen : ¡El Reino de los Cielos está ahora cerca!."

Mat 10:7

En tercer lugar, una y otra vez especialmente en lo que un laico inmerso en la dinámica real de nuestro mundo, crece en mi conciencia un estado de alerta para, y una firme oposición a, las **«estructuras de pecado"** dentro de las realidades sociales y de organización de la

---

[7] Decreto *Apostolicam Actuositatem* (*El Apostolado de los Seglares*), párrafo 13.

que soy una parte.[8] Cada organización humana se beneficia de los esfuerzos humanos pero también sufre de las debilidades humanas. Como laico inmerso en una organización, tengo un papel implícito como cristiano de asegurar que dónde y cómo yo participo en dicha organización los aspectos mas nobles de la naturaleza humana dominen, y los aspectos malos y venales son marginados. Este papel me aplica no importa la naturaleza u objetivos oficiales de la organización ni mi posición en su estructura jerárquica.

> "...dejen de hacer el mal y aprendan a hacer el bien. Busquen la justicia, den sus derechos al oprimido, hagan justicia al huérfano y defiendan a la viuda"
>
> Isaiah 1:17

18. Mi vida como un peregrinaje

Por último, cuando San Ignacio miró hacia atrás sobre su propia vida, a pesar de sus muchas idas y venidas, el la vio como una peregrinación continua hacia el amor de Dios y la voluntad de Dios. Su autobiografía, conocida como *El Diario de Un Peregrino*, se inicia con su convalecencia en Loyola donde por primera vez surgieron sus ideas espirituales. El da muchos detalles acerca de lugares y eventos y la gente en su vida. Pero estos hechos solo son el trasfondo para la verdadera historia: su camino espiritual hacia la comprensión del amor que Dios tiene por él, y entonces hacia aprender a responder a ese amor amando y sirviendo a Dios.

San Ignacio me invita a ver mi propia vida de manera similar, como una peregrinación espiritual personal. Las circunstancias, eventos y relaciones de mi vida son reales, pero sobre todo son el trasfondo para la verdadera "historia", mi viaje interior hacia la búsqueda de Dios en todas las cosas para luego aprender a amarle y servirle por encima de todo.

Este peregrinaje interno de San Ignacio le tomó la vida entera completarlo. Lo llevó a lugares inesperados y

---

[8] Encíclica *"Sollicitudo Rei Socialis"* [*Sobre la preocupación social de la Iglesia*] *(Juan Pablo II, 1986),* párrafo 36.

lo expuso a acontecimientos imprevistos. Sin duda hará lo mismo para mi, y sin duda también me tomará toda la vida completarlo.

La valentía de aceptar la aceptación

Dios me acepta como soy — ¡tal como soy! y no como debería ser. Esto último no tiene sentido, pues nunca soy lo que debería ser. Yo sé muy bien que en realidad nunca camino por el camino recto. Ha habido muchos desvíos, muchos malos pasos, que en el transcurso de mi vida me han llevado al lugar donde ahora me encuentro. Pero, he aquí que la Escritura me dice "El lugar en que estás, es tierra sagrada" (Ex 3,5)

Dios conoce mi nombre: "Mira, en las palmas de mis manos he escrito tu nombre" (Is 49:16). Dios no puede mirar sus manos sin ver mi nombre. Mi nombre soy yo mismo. Él da testimonio de que puedo ser yo mismo. Dice San Agustín: "Un amigo es alguien que conoce todo sobre ti, y aún así te acepta".

Todos tenemos el mismo sueño: conocer algún día una persona con quien podamos hablar sin ningún secreto, que me comprenda, comprenda totalmente lo que digo; alguien que me escucha y oiga hasta lo que no digo; alguien que aún así me acepta totalmente. Dios es la realización de este sueño. Dios me ama completamente, con mis aspiraciones y desilusiones, mis sacrificios y mis alegrías, mis éxitos y mis fracasos.

Dios es, en sí, el cimiento más profundo de mi ser. Hay una gran diferencia entre creer que Dios me acepta y saber que me acepta. No es suficiente haber sido tocado una vez por el amor de Dios. Uno necesita construir el edificio de nuestra vida sobre este amor. Toma largo tiempo alcanzar la certeza de que Dios me acepta como soy.

Peter Van Breemen
Comme le pain rompu
Fayard, 1978, p. 13

Sección II.
Ejercicios Espirituales Personales

Esta sección presentará ejercicios espirituales concretos que puedo incorporar en mi vida laica. Se agrupan en tres tipos distintos:

a) ejercicios diarios a integrarse en la rutina diaria de mi vida;

b) ejercicios ocasionales, o retiros ignacianos que yo tomo de vez en cuando para recargar y reanimar mi camino espiritual; y

c) la práctica ignaciana de acompañamiento espiritual, o el tener un acompañante o ¨director¨ espiritual.

A. Ejercicios en la vida diaria

Para encontrar a Dios cada día y en todas las cosas hay que hacerme consciente de Su presencia, u orar, cada día. Hay tres momentos especiales en el día que se nos presentan para esto. Cada uno es propio para un tipo diferente de oración.

1. Al levantarme, empiezo cada día con una oración a Dios explícitamente invocándolo y dedicándole los planes que Dios mismo ha preparado para mí hoy.

2. Hago espacio en el transcurso normal de mi día para una sesión diaria de oración formal. Vuelvo mi corazón, mente y espíritu a Dios de manera formal y estructurada, buscando su presencia y su voluntad para mí.

3. Al final de la jornada hago un examen, dedico unos minutos a mirar hacia atrás para ver el "movimiento" de la dimensión espiritual del día. ¿Dónde encontré a Dios en mi día? ¿Fui capaz de reconocerlo?

La integración de estos tres ejercicios espirituales en la rutina de cada día me habitúa a buscar y encontrar a Dios todos los días. Esto, a su vez, sienta las bases para buscar y hallar a Dios en el transcurso de mi vida.

1. AL LEVENTARSE

En cuanto despierto, me obligue a orar como mi primera acción deliberada del día, le entrego mi corazón, mi entendimiento y toda mi voluntad a Dios, a quien deseo servir hoy en día.

Me pongo reverentemente en la presencia de Dios; me concentro en lo que espero estar haciendo hoy y cómo le quiero servir. También recuerde algún "apego desordenado" sobre el cual quiero hacer un esfuerzo especial hoy para evitar o corregir. Pido la gracia de llevar a cabo mi determinación hoy, pero también pido la gracia de estar abierto a que Dios guíe mis pasos aunque el día sea diferente a lo que yo había planificado.

Termino con una breve oración formal tal como la Señal de la Cruz, un Ave María, o Padre Nuestro, o la oración de San Ignacio (p. 35).

Luego me levanto y comienzo mi día.

[Nota: Este primer ejercicio espiritual diario se puede hacer cuando despierto, al poner mis pies en el suelo. Debe tomar apenas un minuto, pero establece el tono para el resto de mi día.]

2. TIEMPO DE ORACIÓN FORMAL DIARIO

Cada día, como parte integral del día, dedico un periodo específico para la oración formal. Durante este tiempo dejo a un lado las tareas, proyectos y preocupaciones que llenan mi día, y paso un poco de tiempo con mi amigo, mi confidente, mi Dios. Durante estos momentos busco el silencio interior y dejo a un lado mis preguntas (las alejo por el momento), mis incertidumbres (Dios es capaz de cambiar mi forma de ser, mi corazón), mis preocupaciones acerca de las personas que amo (Dios cuidará de ellos mientras estoy orando), etc. Liberado por el momento de estas preocupaciones temporales, me abro a escuchar la voz de Dios en el silencio interior.

El formato para esta sesión de oración diaria es similar a la de una sesión de oración durante un retiro ignaciano (pp. 26-28). Normalmente utilizo un pasaje de la Escritura. El tiempo debe ser suficientemente largo para realmente adentrarme en el pasaje, pero no tanto tiempo que haga probable el que sea interrumpido o que entre en conflicto con mis otras responsabilidades (trabajo, crianza de los hijos, etc.). 20 a 30 minutos es razonable, aunque esto puede variar dependiendo de mi experiencia y las exigencias de cada día. Lo importante es que se dé la oración; que en realidad ore formalmente cada día, preferiblemente a la misma hora, en el mismo lugar y de una manera sistemática.

Preparación — Antes de empezar, ya debo haber dispuesto el lugar, el ambiente, el tiempo, y el pasaje de la Escritura o el texto que estaré usando. El lugar tiene que ser tranquilo, cómodo y donde no sea molestado o interrumpido. Normalmente uso un pasaje de la Escritura para mi meditación, tal vez las lecturas de la Misa del día o de algunas lecturas organizadas de forma similar para cada día, o tal vez un texto o pasaje propuesto por mi director espiritual.

> *"Mis ovejas conocen mi voz y yo las conozco y ellas me siguen. Yo les daré vida eterna y ellas nunca perecerán."*
>
> Juan 10:27-28

Comienzo — Empiezo colocándome en una posición cómoda. Me pongo en presencia de Dios, haciendo la Señal de la Cruz o algo similar. "Centro" mi espíritu con unos minutos de respiración profunda y tranquila. Vuelvo mi mente hacia quien quiero dirigirme, y pido la gracia de que:

"todas mis intenciones, mis acciones y mis operaciones se ordenen exclusivamente al servicio y alabanza de Su Divina Majestad." [EE #46]

También pido la gracia específica que deseo en la actualidad.
Ahora estoy listo para tomar el pasaje de hoy.

El Pasaje — Primero leo todo el pasaje, deliberadamente y con atención. Tomo nota de sus partes, su dinámica, su(s)movimiento(s). Lo leo por segunda vez, prestando atención especial a las palabras o partes que me resaltan.

Me hago presente a la escena que se evoca. Uso mi imaginación para hacer esta escena real a mis sentidos - veo, huelo, siento, oigo, toco --- me coloco en la escena, como uno más de los personajes, como parte de la multitud, como un simple espectador, ...

Uso mi mente para entender el significado de la escena. ¿Qué me dice este pasaje a mí, sobre mí, para mí, ... hoy? Recibo con gratitud todas estas intuiciones, las que me desagradan así como aquellas que me agradan.

Dejo que mi corazón se vea afectado por lo que percibo y lo que empiezo a entender.

Coloquio — Me dirijo a Dios (Padre/Madre, Hijo, Espíritu Santo), en una conversación directa usando las pistas que mis pensamientos y sentimientos sugieren sobre el pasaje. Puedo hablar con Él libremente, "de amigo a amigo". Puedo compartir mis sentimientos, los buenos y también los no tan buenos. Puedo hablar de una manera similar con María, con otro personaje bíblico, con un apóstol o con un santo.

Cierre — Cuando llegue a su fin el tiempo que he dispuesto para la oración, espero un minuto o dos para recibir cualquier mensaje de despedida silenciosa de Dios, como la brisa suave que susurraba a Elías.

Luego termino mi sesión con una oración formal, como el Padre Nuestro o la oración ignaciana (p. 35).

Diario espiritual — Antes de terminar, tomo unos minutos para anotar en mi diario espiritual cuáles fueron los aspectos positivos y negativos de esta experiencia de oración. Tomo nota de cualquier "movimiento de espíritus" dentro de mí — ¿Cuál es mi estado de ánimo? ¿Cambió? ¿Cómo? ¿Qué se destacó como lo más agradable? ¿Qué no me gustó? ...¿incomodó? ¿Hay áreas en las que debo repasar en alguna sesión de oración futura?

3. Revisión del día — El Examen

Cada día es un regalo de Dios y un llamado de Dios. Cada día es también una historia donde Dios se hace presente para mí a través de otros, a través de eventos, en encuentros casuales, etc. ¿He tomado el tiempo para verlo? ¿Lo he sabido reconocer? ¿Cómo respondí a su presencia? Al final del día, por lo tanto, me tomo unos minutos para mirar hacia atrás al verdadero desarrollo del día con dos preguntas en mente:

¿Dónde se encontraba Dios en mi vida hoy?
¿Lo reconocí?

Preparación — Necesito una pluma o un lápiz y mi diario espiritual. Debería estar en un lugar y una posición donde puedo escribir cómodamente y no quedarme dormido.

Comienzo — Al igual que con mi sesión de oración, en primer lugar me "centro" y me hago consciente de lo que quiero hacer. Recuerdo la(s) gracia(s) que pedí esta mañana, y pido ahora a Dios la gracia de ver mi día a través de sus ojos.

Revisión de hoy — Luego, con la mirada interior, recorro rápidamente mi día, hora por hora: los lugares donde fui, las personas con quien me encontré, cómo se desarrolló el día. Podría dibujar una línea de tiempo, recordando lo que hice, lo que me pasó, dónde y cómo me relacioné con los demás, y cómo estos acontecimientos me hicieron sentir. Busco ahora, en retrospectiva, dónde y cómo Dios estaba presente en estos eventos. También noto cómo y dónde le respondí (quizás bien, tal vez no tan bien).

Finalmente, entrego pacífica y confiadamente a Dios, sin juzgar, las sombras o la oscuridad de hoy que me hayan impedido sentir Su presencia, u ocultado Su voluntad a mi vista. Pido a Dios que, a través de su gracia, pueda estar más consciente y sensible a su presencia mañana y en los días por venir. También puedo pasar unos momentos de coloquio con Dios sobre mi día.

Cierre — Luego concluyo la revisión de mi día con una oración reverente, tal vez una oración formal, como el Padre Nuestro o un Ave María, o tal vez una vez más la oración ignaciana.

Diario espiritual — Utilizo mi diario espiritual para hacer una entrada sobre cualquier conocimiento o idea que me resalta en esta revisión. Eso puede cerrar con lo que me parece el punto central que Dios ha querido dejarme este día.

B. Ejercicios ocasionales — los retiros ignacianos

Además de la oración diaria, el crecimiento espiritual requiere un alto de vez en cuando para revisar mi vida — hacer un retiro. Estos retiros dan un nuevo impulso y profundidad a la oración diaria. Tienen una calidad diferente de oración a la de la oración diaria. Es más intenso, más profundo y crítico. Lo realizo bajo la supervisión de un director o guía. Puede estar relacionado con una decisión importante que estoy enfrentando, o cuando me siento en una encrucijada crítica.

1. **Un retiro ignaciano**
   Un retiro ignaciano puede tomar varias formas:
   - un corto período de un o dos días de reflexión, para recargar mis "baterías espirituales";
   - un período de cinco u ocho días de retiro estructurado una vez cada año o dos años;
   - un gran retiro claustral de hasta 30 días para examinar en profundo mi vida;

- un retiro 'anotación 19' [1] - separando una hora o a una hora y media cada día durante varios meses y reuniéndome regularmente con un guía espiritual.

¿Qué hace que un retiro sea "ignaciano"? No es cuán largo es, sino el método que me lleva a una visión crítica de mí mismo y mi vida a través de los ojos de Dios. Este examen se hace en "cuatro semanas", o fases, cada una con un enfoque distinto:

Primera semana — descubrir el amor infinito que Dios me tiene, a pesar de mis propios desórdenes;

Segunda semana — ver la vida de Cristo como modelo para la mía propia;

Tercera semana — experimentar la pasión de Cristo y su muerte por mis pecados, por cuya muerte ya he sido redimido; y

Cuarta semana — el triunfo glorioso de Cristo sobre la muerte y mi deseo de seguirle en la construcción de su Reino.

> *Jesús les dijo: "Vamos aparte, a un lugar retirado y descansarán un poco." Porque eran tantos los que iban y venían que no les quedaba tiempo para comer. Y se fueron solos en una barca a un lugar despoblado.*
>
> Marcos 6:31-32

El actor central del retiro soy yo, ... o más bien el Espíritu Santo trabajando dentro de mí a través de estos ejercicios espirituales, incluyendo mi apertura a este proceso. El director del retiro refleja lo que él o ella siente que es la dirección en la que el Espíritu Santo desea llevarme. El verdadero director de mi retiro es el Espíritu, y el que responde soy yo. Los 'frutos' del retiro se dan a través de la combinación de mis propios esfuerzos y mi apertura a la gracia del Espíritu Santo quien actúa en mí interior.

---

[1] Ejercicios espirituales en la vida ordinaria, según sugiere San Ignacio en su "Anotación 19" del texto de los Ejercicios Espirituales

El silencio en un retiro ignaciano es muy importante. Es más que simplemente no hablar. Su propósito es dirigir mi atención y mi conciencia en general hacia mi vida interior. Me concentro en mí mismo y mis sentimientos, mis movimientos internos del Espíritu. Y según me dirijo hacia mi interior, permito que aquellos que me rodean pueden hacer lo mismo.

2. Tiempo de oración en un retiro ignaciano

La base, "los bloques de construcción", de un retiro ignaciano son los tiempos de oración, de los cuales habrá normalmente varios cada día. Para cada sesión de oración, el/la director/a del retiro escogerá un pasaje de la Escritura (u otro ejercicio específico relacionado con la "semana" particular) y sugerirá algunos puntos para la reflexión. Luego pasaré hasta una hora a solas, "escuchando" lo que el pasaje me dice a mí. El director del retiro propondrá el número de sesiones de oración para el día y el/los pasaje(s) de la Escritura u otros ejercicios en cada sesión de acuerdo con mi nivel de desarrollo espiritual (y el de los demás participantes, si los hay), la duración, el tema espiritual del retiro, etc.

> **La Regla de Oro de un retiro ignaciano**
>
> *"No el mucho saber harta y satisface el ánima, mas el sentir y gustar de las cosas internamente."*
> EE #2

A menos que un ejercicio específico lo requiera, cada sesión de oración ignaciana sigue una estructura similar. Esta estructura es similar a la estructura de la sesión de oración formal diaria, pero de más larga duración e intensidad. También hay, por lo general, un aumento gradual en la intensidad de las sesiones de oración, que es más palpable a lo largo de un retiro.

Al igual que con la oración diaria, tengo que desarrollar una estructura de oración que resuene en mí personalmente, de manera que cierta cantidad de experimentación y adaptación puede ser necesaria y deseable. Sin embargo, lo más probable es que sea algo a lo largo de las siguientes líneas.

Preparación — Antes de comenzar la sesión, se habrá determinado el pasaje u otro texto a ser utilizado. Ya habré seleccionado un lugar tranquilo, libre de distracciones e interrupciones (teléfonos celulares, los visitantes, etc), y con todo lo que necesito a mano (por ejemplo, Biblia, iluminación adecuada, material para el diario espiritual, etc.)

Principio — tomo una postura cómoda y sostenible. Primero, me siento y calmo mi cuerpo, mi mente, y mi espíritu. Respiro lenta y profundamente por unos instantes, hasta que sienta que una sensación de tranquilidad y bienestar penetra en todo mi ser. Con calma y reverentemente me pongo en la presencia de Dios, tal vez, por reverencia, hago la Señal de la Cruz. También puedo encender una vela que me recuerde la presencia de Dios.

Empiezo con la oración preparatoria acostumbrada (la "sólita"), le pido a Dios por la gracia de que:

"*todas mis intenciones, mis acciones y mis operaciones se ordenen exclusivamente al servicio y alabanza de Su Divina Majestad.*" [EE #46]

Entonces, pido con sencillez y humildad la gracia específica que quiero que Dios me conceda ahora.

Oración en sí — Ahora estoy listo para tomar el tema específico de esta sesión de oración. Este es el corazón de la sesión de oración. Diferentes tipos de oración (ver sección siguiente) requieren métodos ligeramente diferentes. En cada uno, sin embargo, traigo todo mi ser a este proceso:
— Aplico mi mente;
— Convoco mi imaginación;
— Utilizo mis sentidos (vista, oído, olfato, gusto, tacto);
— Abro mi corazón;
— Por encima de todo, tomo mi tiempo.

Sigo esa sensación interna a donde Dios quiere llevarme con esta oración. ¿Qué quiere Dios decirme, mostrarme, compartir conmigo?

Coloquio — Hablo con mi Dios, como un niño habla con su madre o padre amoroso. También puedo hablar con María, con una figura bíblica, con un apóstol o con algún santo al que me siento particularmente cercano.

Dejo que la conversación fluya de forma natural, me dejo llevar.

Cierre — Cuando llegue el momento para terminar, me despido de mi Señor, con gracia y humildad. Puedo cerrar con una oración familiar, como el Padre Nuestro, el Ave María, o la oración de San Ignacio. Me regreso al presente y poco a poco en silencio, busco escuchar cualquier mensaje de despedida final que Dios me quiera regalar.

"Si no sois vos quien da forma a Dios, entonces es Dios quien os da forma a vos. Si vos sois obra de arte de Dios, esperad las manos del Artista, quien hace todo a su debido tiempo.

..Haceos barro húmedo, no sea que os sequeis y perdais las huellas de Sus dedos."

San Irineo, siglo II
Obispo de Lugdum
(hoy, Lyon, Francia)

diario espiritual — Antes de salir, tomo un momento para escribir las experiencias positivas y negativas de esta sesión de oración. Sin juzgar ni criticar, tomo nota de lo que pasó y sobre todo cómo me sentí. ¿En qué estado de ánimo empecé y luego cómo terminó la sesión? ¿Cómo me siento ahora - feliz, contento, agitado, pesado, rebelde, lleno de energía, etc?

3. Algunos ejercicios específicos

a. Meditando un pasaje de la Escritura

La Escritura juega un papel importante en un retiro ignaciano. Cuando "escucho" cómo el pasaje seleccionado me "habla" personalmente, la escritura se convierte para mí en la Palabra viva de Dios.

La preparación y el comienzo de la sesión de oración se ha descrito anteriormente en forma general.

adentrarme en el pasaje — Cuando estoy listo, leo el pasaje completo de forma lenta y cuidadosa. Si me siento animado, lo puedo leer por segunda vez, pausando en aquella palabra, frase o imagen que me atraga.

aplicar mi imaginación — me hago presente y me abro a la escena que se evoca, y con mi imaginación entro personalmente en esa escena. Siento el lugar, escucho los diálogos, veo las expresiones faciales, busco tener las sensaciones como si fuera otra persona en la escena.

Dirijo mi atención a diferentes partes del pasaje según me sienta atraído. Puedo pausar en una parte específica o incluso en una sola palabra, respondiendo a aquello que me atrae. Dejo que el texto me lleve.

aplicar mi mente — Utilizo mi mente para entender lo que este pasaje me está diciendo a mí. ¿Cómo me hace sentir? Me abro a mis movimientos internos, lo que estoy empezando a entender y sentir.

abrir mi corazón — Dejo que mi corazón sienta lo que he "experimentado" con la imaginación y lo que empiezo a entender.

coloquio — Me dirijo directamente a Dios (Padre/Madre, Hijo, Espíritu Santo) siguiendo las líneas que sugiere el pasaje. Hablo con Dios libremente, como un amigo habla con otro amigo, acerca de la escena de la que acabo de ser parte. Escucho a Dios a través de las ideas, los pensamientos y sentimientos que me envía.

Cuando el tiempo de oración se acerca a su fin, el cierre y uso del diario espiritual siguen el formato descrito anteriormente.

Nota #1 — Este método de la oración también se puede aplicar a un comentario bíblico, la vida de un santo, o algún texto espiritual.

Nota #2 — Meditar sobre un pasaje de la Escritura es distinto al estudio de la Biblia y otras disciplinas similares. El objetivo de la oración ignaciana sobre un texto es que el texto cobre vida en mí, escuchar lo que me "dice" ... a mí. Recordar la regla de oro, "el sentir y gustar de las cosas internamente". [EE #2]

b. Ejercicios sobre apegos desordenados

San Ignacio comienza sus cuatro "semanas" con ejercicios que me llevan a una mayor conciencia (como el hijo pródigo) de mis propios apegos y afectos desordenados, y del amor misericordioso de Dios.

Estos ejercicios incluyen: a) el examen de una falla en particular, y b) un examen general de la conciencia contra un marco general seleccionado.

i. El examen de una falla en particular [SE #24-31]

Este ejercicio se realiza tres veces durante el día; (1) al despertar, (2) al mediodía, y (3) después de la cena.

Al despertar — Tan pronto me levanto, hago memoria de la falla particular que quiero evitar este día.

Al mediodía — Empiezo con el formato regular de oración, y pido a Dios la gracia de recordar cuántas veces y en qué circunstancias caí en esa falla particular en el transcurso de esta mañana y pido la gracia para poder corregir la misma. Luego, reviso cada hora de la mañana, buscando, cuándo y en qué circunstancias se produjo el fallo. Cuando haya completado la revisión de la mañana, cierro pidiendo la gracia de reconocer el error y corregir el mismo en mí.

Después de la cena — vuelvo a pedir la gracia de recordar el fallo y examino el transcurso desde el mediodía (hora por hora) hasta este examen, buscando cuándo y por qué volví a fallar. Una vez más, tomo nota mentalmente tanto de las ocasiones como las circunstancias en que fallé. Y otra vez, cierro pidiendo a Dios la gracia para corregirlo.

Nota: *El diario espiritual es especialmente fructífero en este ejercicio. San Ignacio recomienda hacer dos líneas cada día, una para la mañana y otra para la tarde. En cada revisión, hora por hora, hago una marca sobre la línea que corresponda a cada vez que ocurrió la falla. Además de ayudarme a enfocar mi recuerdo de cada caso, esto también me permite observar mi progreso (o la falta de progreso) desde la mañana hasta la noche, de un día a otro, y a través del tiempo. San Ignacio también recomienda asociar un gesto personal y privado, tal como poner la mano sobre mi pecho cada vez que me doy cuenta de que caí en*

"querer el bien lo tengo a mi alcance, mas no el realizarlo, puesto que no hago el bien que quiero, sino que obro el mal que no quiero. Y, si hago lo que no quiero, no soy yo quien obra, sino el pecado que habita en mí."

Romanos 7,18-20

el error. Esto se puede hacer incluso en lugares públicos sin que los demás se den cuenta.

ii. Un examen general de conciencia [EE #32-43]

Este ejercicio es una búsqueda más abierta de las áreas de desorden que quizás todavía sean imperceptibles. Siguiendo la estructura general de una sesión de oración, después de seguir los pasos para adentrarme en la misma **(preparación, centrarme, calmarme, y pedir una gracia)**, en la oración propia, me exijo un inventario a mí mismo en acorde a un marco general seleccionado. Este marco podría ser los siete pecados capitales[2], las cuatro virtudes cardinales[3], los cinco sentidos del cuerpo[4], los "frutos del Espíritu" de San Pablo[5], o un marco general similar.

En este inventario personal, tengo que incluir pensamientos, palabras, acciones y omisiones. Al igual que con un pasaje de la Escritura, utilizo todas mis facultades — recordar, entender, sentir y desear. También tengo en cuenta que mi objetivo no es criticarme, sino hacer una evaluación personal honesta, con la profunda confianza de que Dios quiere perdonarme y ayudarme a corregir estos trastornos.

Coloquio — hablo libremente con Dios acerca de mis defectos, como un niño habla con un padre/madre acogedor(a). Le pido perdón a Dios por mis defectos. Me reconozco amado a pesar de mi pecado, con más énfasis en "amado" que en "mi pecado".

Cierre — Cuando el tiempo del examen llega a su fin, cierro con un firme propósito de modificar mis afectos desordenados y pido a Dios que me ayude con su gracia. Entonces cierro con una oración formal, como la Oración de San Ignacio o un Padre Nuestro.

---

[2] soberbia, coraje, envidia, lujuria, glotonería, avaricia, pereza

[3] prudencia, justicia, fortaleza, templanza

[4] ver, oir, oler, gustar, tocar

[5] Gal 6:19-23

Diario espiritual — Antes de terminar, anoto cuáles fueron los puntos principales, los frutos que deseaba obtener de este examen de conciencia.

Nota: Tanto el examen de una falla en particular como el examen general son ejercicios constructivos, que me llevan a una mayor toma de conciencia de mí mismo como "amado a pesar de mi pecado", lo cual me lleva a un deseo de "alabar, hacer reverencia y servir a Dios, nuestro Señor". Aunque aparecen en la primera "semana" de los ejercicios, su objetivo es prepararme para el final de la cuarta "semana" y mi participación en la alegría de la resurrección de Cristo.

c. **Otros ejercicios de vez en cuando**

i. **Contemplación sobre una oración tradicional [EE #249-257]**

Este modo de orar puede servir muy bien para la preparación a la oración. Se sugiere tomar una oración tradicional (por ejemplo el Padre Nuestro) frase por frase, desentrañándola una a una sin pasar adelante con ligereza, intentando descubrir la misma intención de Jesús y hacerla mía.

Por ejemplo, se puede dividir el Padre Nuestro así: [6]

— *Padre Nuestro que estás en el cielo*
— *Santificado sea Tu nombre.*
— *Venga a nosotros Tu reino;*
— *Hágase Tu voluntad en la tierra como en el cielo.*
— *Danos hoy nuestro pan de cada día;*
— *Perdona nuestras ofensas como nosotros perdonamos a los que nos ofenden.*
— *No nos dejes caer en la tentación,*
— *y líbranos del mal.*
— *Amen.*

---

[6] Adaptado de "La Oración en los Ejercicios" de Mireya Escalante, CVX

La perspectiva fundamental de esta oración, cada una de las frases siendo petición diferente, tiende a disponer mi corazón para que Dios sea reconocido como Único Señor. Esa es la mismísima intención de Jesús a través de toda su vida.

Hago la oración preparatoria dirigiéndome a la persona con quien voy a dialogar [EE #251].

Comienzo a leer el texto, considerando cada palabra o frase tanto tiempo como encuentro significado, comparaciones, gusto, y consolación. Cuando una palabra o frase ya deja de interesarme, paso a otra. Y así sucesivamente hasta terminar el texto o el tiempo determinado para la oración.

Si en una palabra o frase encuentro mucha materia para pensar y gusto para disfrutar, no me preocupo de seguir adelante; sino al contrario, me quedo en ella todo el tiempo aunque acabe el tiempo asignado.

Termino siempre con un diálogo espontáneo según lo que he sentido durante la oración. Después de terminar, anoto brevemente lo que más me ha impresionado.

ii.   Orar con la respiración rítmica [EE #258-260]

Este ejercicio, al igual que la contemplación de una oración tradicional, utiliza oraciones tradicionales. Después de los pasos iniciales usuales, traigo a mi mente cada palabra de la oración tradicional en sincronía con mi respiración, cada palabra con cada respiración, lenta y rítmicamente. Mantengo mi mente en el significado de esa palabra mientras inhalo y exhalo.

Nota: Estos dos ejercicios con oraciones tradicionales se pueden utilizar de forma flexible con otros ejercicios espirituales, y también los puedo incorporar a mis ejercicios espirituales diarios.

iii. Contemplación para alcanzar amor [EE #230-237]

Este ejercicio es, en cierto sentido, el ejercicio cumbre de la espiritualidad ignaciana. Se llega a él al final de la "cuarta semana". Es el ejercicio para el cual todo lo demás me ha estado preparando — para amar y, por lo tanto, querer servir a Dios.

San Ignacio comienza recordándonos que el amor se expresa más en las acciones que con palabras y que los que se aman comparten lo que tienen entre sí. San Ignacio propone que la gracia que pido es la gracia del conocimiento "interno de las muchas bendiciones que he recibido, para que yo ... lleno de gratitud por ellos, quiera en todas las cosas amar y servir a su divina majestad". [EE #233]

Esta frase, "*en todo, amar y servir a Dios*", y su frase acompañante, "*buscar y hallar a Dios en todas las cosas*", son temas fundamentales y recurrentes en toda la espiritualidad ignaciana.

San Ignacio propone cuatro ópticas para esta meditación: (1) lo mucho que Dios me ama, (2) cómo Él sostiene toda la creación, incluyéndome a mí, (3) cómo todos los bienes y dones descienden de él; (4) y cómo Dios trabaja para mantenerme inmerso en su amor creador y sustentador. Estas contemplaciones me conducen naturalmente a querer responder al amor de Dios, y de ellas surge la famosa oración de San Ignacio:

> "Toma, Señor, y recibe
> toda mi libertad,
> mi memoria, mi entendimiento,
> toda mi voluntad,
> todo lo que tengo y poseo.
> Tú, Señor, me lo diste;
> a Ti, Señor, lo torno.
> Todo es tuyo,
> dispón según Tú voluntad.
> Dame tu amor y tu gracia.
> que esto me basta."
> [EE #234]

C. Acompañamiento espiritual

Tener un "director espiritual" ha sido tradicionalmente parte integral de la espiritualidad ignaciana. La designación de "acompañante espiritual" es reciente; pone al relieve la dimensión "co-viajero" de la relación, más un "caminar con" que "dar dirección" en el sentido de dirigir o controlar.

Mi director espiritual o acompañante funciona como una especie de espejo de mi vida espiritual en la que puedo comprobar periódicamente si mi viaje espiritual continúa a buen ritmo. Sigo siendo la persona activa, el peregrino, de mi propio viaje. Pero tengo a alguien con quien me encuentro de vez en cuando y con regularidad para ver cómo me va y cómo podría hacer mi viaje espiritual personal más eficaz.

Un director espiritual personal no es lo mismo que un director de retiros, a pesar de que tienen el mismo título, "director espiritual". El Acompañante es una relación más a largo plazo que la orientación personalizada durante un retiro. Un director espiritual tiene algunas similitudes con un confesor personal, pero con diferencias importantes. Nuestra relación es más fraternal que sacramental. Mi viaje espiritual es nuestro enfoque, y yo soy su actor principal.

Nos reunimos periódicamente y yo le "informo" sobre mi viaje espiritual. Él o ella escucha, pregunta, sugiere posibles caminos, pasajes de las Escrituras o ejercicios específicos que podría tener en cuenta. También señala los puntos para mis reflexiones posteriores. Pero estas no son instrucciones, solamente sugerencias. Yo hago mi propio viaje espiritual.

El querer tener un director espiritual personal es una iniciativa que normalmente viene de mí. Él o la acompañante debe tener la experiencia y el conocimiento de la espiritualidad ignaciana, además de una capacitación formal, probablemente en dirección espiritual, y quizá también formación o experiencia en consejería personal. Él o ella puede o no ser miembro del clero, pero sin duda debe estar bien anclado en la Iglesia.

Dado que el acompañamiento espiritual consiste en un intercambio personal y por consiguiente un alto grado de confidencialidad, si ya se conoce a la persona en otro contexto, hay que tener cuidado de que este acompañamiento espiritual se ajuste adecuadamente con los demás aspectos de la relación (por ejemplo, cónyuge, jefe, amigo, etc).

Tener un director espiritual personal también es útil si decido hacer un ejercicio de discernimiento puntual sobre una decisión importante que estoy enfrentando.

A una rosa ...

Había una vez un príncipe que era dueño de un magnífico diamante, era su orgullo y alegría. Un día, ocurrió un accidente y la piedra preciosa se ralló malamente. El príncipe mandó llamar a los mejores artesanos para restaurar la belleza de la joya. A pesar de todos sus esfuerzos, no pudieron restaurar la joya. Por último, llegó un joyero de talento sin igual. Con arte y con paciencia grabó una rosa magnífica en el diamante y hábilmente convirtió la ralladura en el tallo de la rosa, de modo que la joya aparecía más bella que nunca.

¿No es esto precisamente lo que Cristo ha hecho con nuestra condición humana? Él ha aceptado nuestra naturaleza, con todas sus dimensiones, sus heridas, sus dificultades. Por lo tanto no tenemos derecho a considerar las dificultades que nos encontramos como si fueran limitaciones y preocupaciones, ya que tienen nuevo significado. Estamos conscientes de los estrechos límites de nuestra lengua, de nuestra vida cotidiana y su rutina. Sin embargo, no olvidemos que traicionamos su significado real, al no ver más allá de esas deficiencias. A través de los sacramentos, Cristo nos invita a alimentar esta esperanza. Nuestra debilidad, nuestro cansancio, nuestras relaciones con los demás ya no son un infierno. Hemos salido de la oscuridad. Depende de nosotros transformar nuestros ralladuras en el tallo de una rosa!

Bernard Bro, *Faut-il encore pratiquer?*
Editions du Cerf, 1967, p.336

Seccion III.
Espiritualidad Ignaciana con los demás

Mi camino espiritual personal naturalmente afecta y se ve afectado por mi relación con los demás, especialmente las relaciones más cercanas y de larga duración. En esta sección se considera la espiritualidad ignaciana en el contexto de dos tipos de relaciones importantes para los laicos:

(a) en la pareja y, si ha sido bendecida con hijos, la familia; y

(b) los grupos de oración que se reúnen regularmente y siguen los métodos ignacianos de oración.

Dentro de estas relaciones, la espiritualidad ignaciana consiste en tres temas específicos:

(1) intercambio personal y la escucha activa;

(2) la dinámica particular de retiros ignacianos por grupos y parejas; y

(3) el proceso de discernimiento colectivo.

A. Espiritualidad ignaciana en la pareja y familia

Mi vida espiritual está necesariamente entrelazada con mi relación con mi cónyuge. En este sentido, nuestra relación de pareja hace que nuestras relaciones individuales con Dios sean tridimensionales, ya no son dos dimensiones. La decisión de formar una pareja no cancela o sustituye mi relación personal directa con Dios, pero la convierte en un triángulo. Esto afecta tanto cómo me relaciono con Dios, cómo me relaciono con mi pareja, y la forma en que ambos tratamos de comprender y seguir la voluntad de Dios.

La espiritualidad ignaciana entra en nuestra vida como pareja a través de nuestras oraciones diarias, ejercicios espirituales y retiros ocasionales, y a través de la forma en que discernimos la voluntad de Dios para nosotros como pareja. Es a través de estas ventanas que la espiritualidad impregna nuestra vida de pareja y, si hemos sido bendecidos con hijos, nuestra vida de familia.

Los aspectos prácticos de la oración Ignaciana en pareja pueden ser problemáticos, ya que somos dos personas con diferentes personalidades, trasfondos, preferencias personales, ritmos diarios, compromisos externos, etc. Asimismo, articular y compartir mis movimientos espirituales interiores y la escucha activa, mientras que mi cónyuge hace lo mismo, no son destrezas que se usan en la oración ignaciana personal. Sin embargo, son fundamentales para nuestra oración ignaciana conjunta.

Una sesión de oración diaria como pareja puede ser entretejida en la rutina de cada día (en el desayuno, de camino al trabajo, la cena, etc.). Se pueden utilizar los mismos pasajes de las Escrituras utilizados en nuestra oración personal, y luego reunirnos y compartir los 'frutos' de nuestra oración personal.

Si bien cada pareja tiene que resolver sus propios aspectos prácticos de esta oración en común, el proceso debe ser lo suficientemente formal como para que en estos momentos juntos, los dos salgamos del "modo normal" y entremos en "modo de oración". Gestos habituales como encender una vela, una apertura formal y cierre de la oración, y un momento personal para centrarse, pueden ser útiles.

Cualesquiera que sean las modalidades, la sesión de oración debe comenzar con una invitación y una apertura al Espíritu Santo y la petición de una gracia específica. Usando un pasaje de la Escritura (o lectura equivalente), cada cónyuge comparte sus movimientos y sentimientos que les evoca el pasaje, cada uno escucha activamente, sin interrumpir, ni juzgar, corregir o "arreglar", cuando la otra persona comparte sus sentimientos internos. Cuando llegue el momento de cerrar, juntos ofrecemos estos sentimientos compartidos y conocimientos al Espíritu Santo y continuamos cada uno nuestro respectivo día.

No hay ninguna razón por la qué los niños no puedan participar en estas sesiones de oración si son lo suficientemente maduros y están interesados. En cualquier caso, no hay duda que es beneficioso para niños de cualquier edad saber que sus padres tienen una vida espiritual activa tanto individual como en pareja.

También vale la pena recordar que la oración en pareja, al igual que la oración individual, exige mucha práctica, paciencia y perseverancia.

B. Grupos de oración ignaciana

Reunirse regularmente con personas afines, con el propósito expreso de compartir nuestros caminos espirituales, profundiza la propia espiritualidad y, al mismo tiempo, anima a los demás en la suya. Un grupo de oración ignaciana, obviamente, sigue los métodos ignacianos de oración.

Puede ser que participe o incluso ayude en la formación de un grupo de oración ignaciana por una variedad de razones: mantener mi vida espiritual fresca, compartir espiritualmente con personas afines, en respuesta a los deseos de mi cónyuge o un amigo cercano, etc. En todo caso, sin importar cuáles son mis motivaciones conscientes, debo estar abierto a la acción del Espíritu en el grupo de oración de la misma forma que "escucho" al Espíritu en mi propia vida de oración.

No hay reglas fijas sobre los aspectos prácticos de un grupo ignaciano. Debe ser lo suficientemente pequeño como para permitir que cada miembro pueda participar activamente, y lo suficientemente grande como para seguir funcionando si uno o dos miembros en ocasiones se ausentan. Debe reunirse con regularidad y frecuencia, según el consenso del grupo, y con el tiempo suficiente para que el intercambio que se lleve a cabo sea genuino. Como regla general, los grupos que se reúnen con mayor frecuencia exigen más compromiso de sus miembros, pero también proporcionan más alimento espiritual. No hay una jerarquía dentro de un grupo. No obstante, existe una necesidad para los arreglos prácticos antes, durante y después de las reuniones del grupo. Esta función puede recaer en una persona específica o turnarse de reunión en reunión, pero todos los miembros deben asegurarse de que estas tareas no recaigan en gran medida en un solo miembro.

El proceso de intercambio/escuchar que se discute más adelante (ver apartado siguiente) es el corazón de la reunión del grupo. Típicamente se ha seleccionado un pasaje de la Escritura de antemano y cada participante habrá pasado algún tiempo orando en ella. Estas oraciones individuales son la base para una primera ronda de intercambio personal. Esto puede ser seguido por un mayor intercambio como fruto de esta primera ronda. Al igual que en todos los momentos en que compartimos, ofrezco mis propios movimientos del Espíritu y "escucho activamente" cuando los demás hacen lo propio, pero no juzgo, ni entro en debates, ni contrapongo los sentimientos que otros han compartido.

Los grupos de oración que forman parte de los movimientos más grandes, tales como Comunidades de Vida Cristiana, son empezados a menudo por un miembro experimentado del movimiento más amplio. Este "facilitador" guía al grupo en lo que se inicia, y luego retrocede un poco para que el grupo desarrolle su propia dinámica. El movimiento más amplio también puede alentar a los grupos individuales para que tengan un 'capellán', quien puede ser o no ser un miembro del clero, pero con suficiente formación y familiaridad con el movimiento.

> Después de comer, Jesús dijo a Simón Pedro: «Simón, hijo de Juan, ¿me amas más que estos?». Él le respondió: «Sí, Señor, tú sabes que te quiero». Jesús le dijo: «Apacienta mis corderos». Le volvió a decir por segunda vez: «Simón, hijo de Juan, ¿me amas?». Él le respondió: «Sí, Señor, saber que te quiero». Jesús le dijo: «Apacienta mis ovejas». Le preguntó por tercera vez: «Simón, hijo de Juan, ¿me quieres?». Pedro se entristeció de que por tercera vez le preguntara si lo quería, y le dijo: «Señor, tú lo sabes todo; sabes que te quiero». Jesús le dijo: «Apacienta mis ovejas.»
>
> Juan 21:15-17

Tanto el facilitador como el/la capellán proporcionan un tipo de dirección espiritual similar a la dirección espiritual individual, pero a nivel de grupo. El director espiritual está allí para sostener una especie de espejo espiritual para que el grupo pueda examinarse a sí mismo y para asegurarse de que está escuchando la guía del Espíritu Santo.

Un rasgo importante de un grupo de oración Ignaciana es la acción apostólica. Como dice San Ignacio, "el amor debe manifestarse más en hechos que en palabras". [EE #230] Esta acción puede ser a nivel individual o al nivel de grupo o ambos, pero siempre debe estar dirigido hacia los tres temas de:

i. una opción preferencial por los pobres,
ii. el apostolado laico de igual a igual, y
iii. la lucha contra las estructuras de pecado.

[pp. 15-16]

C. El compartir espiritual y la escucha activa

La espiritualidad ignaciana en la pareja y la familia, así como en los grupos de oración, se basa en gran medida en las destrezas individuales de intercambio personal y la escucha activa. Estas destrezas adquiridas, las cuales requieren esfuerzo y autodisciplina, le son mas fáciles a algunos y menos a otros. Por lo general toma tiempo y esfuerzo hacer que se incorporen estas destrezas a las costumbres de oración de la pareja o grupo.

El intercambio personal significa ir más allá de mis pensamientos y opiniones, y llegar a mis sentimientos más profundos acerca de: dónde y cómo sentí personalmente el movimiento del Espíritu; dónde y cómo sentí consuelo espiritual; dónde y cómo se manifestó la desolación espiritual.

Cada persona tiene una relación única con Dios y su manera particular de expresar esa relación. En un contexto de intercambio personal, no se trata de la forma "correcta" o "incorrecta" de entender un problema o un pasaje de la Escritura, y por lo tanto no existe una interpretación "correcta", ni una "errónea". Sólo yo sé lo que un pasaje me dice a mí.

Cuando sea posible, puede ser útil tomar unos minutos antes de compartir para recoger y articular mis sentimientos. Cuando haya terminado de compartir, debo expresar que he terminado de una forma visible, pero sencilla. Un momento de silencio después de hablar es bueno para que lo que se haya compartido pueda calar en los que han escuchado.

Lo mismo ocurre cuando se escucha activamente. Escuchar de forma activa comprende más que simplemente no hablar o interrumpir. Escuchar activamente significa permitirle al compañero compartir sus "movimientos" interiores, sin interrumpir, sugerir, corregir, juzgar, y sin tratar de "arreglar" su "problema", ni aliviar su dolor.

Doy a la persona que comparte mi atención plena y activa. Le permito comunicar plenamente sus movimientos interiores en sus propias palabras. Mi lenguaje corporal debe confirmar que yo estoy aquí escuchando, no esperando a que sea mi turno para hablar. Tengo que sentirme cómodo con los momentos de silencio.

En la práctica, a muchos grupos les resulta útil contar con un símbolo físico para indicar que desean compartir y que el mismo se use para indicar cuándo se ha terminado. Por ejemplo, puede haber una concha, una pluma, una vela o un pequeño objeto similar que recojo para indicar mi deseo de compartir. Cuando he dicho lo que quiero decir, lo devuelvo a su lugar indicando que he terminado. Es importante que cada uno participe, y el uso de una concha o una pluma ayuda a asegurar que cada uno de nosotros habla, concluye, y luego escucha.

Por último, aunque es evidente, necesitamos recordar que los sentimientos compartidos dentro de una pareja o un grupo durante una sesión de oración son siempre confidenciales.

D. Retiros de grupo y pareja

De igual forma que los retiros juegan un papel en la espiritualidad individual, así también los retiros pueden ayudar a profundizar la vida espiritual de la pareja o del grupo. Los retiros tienen como fundamento la sesión de oración diaria o las reuniones ordinarias. Pueden ser un catalizador para llegar a un nivel más alto de crecimiento espiritual y de vida. Los retiros pueden ser de un día, un fin de semana o, en ocasiones, un retiro de cinco u ocho días. Sea cual sea su duración, el retiro tendrá un director experimentado (que puede que conozca o no a los participantes) quien organizará el tiempo en torno a un tema específico como el tiempo litúrgico (por ejemplo, el tiempo de Adviento, Cuaresma o Pascua de Resurrección) o un tema de particular interés al grupo (por ejemplo, un discernimiento en grupo).

Un retiro de grupo o en pareja es similar en estructura a un retiro individual, pero tiene una textura bastante diferente. El silencio puede ser más problemático puesto que ya se conocen algunos si no todos los participantes y ya tienen estilos de relacionarse entre sí. Puede que sea necesario poner en "pausa" nuestras relaciones personales por el bien de la meditación interior y para escuchar mejor al Espíritu Santo, que es el verdadero propósito del retiro. También, dependiendo de cómo se organice el retiro, puede que incluya algunos ejercicios de grupo, tales como ejercicios para desarrollar el compartir y destrezas para escuchar mejor al prójimo.

Al igual que un retiro personal, un retiro de grupo tiene que mantenerse abierto a la intervención dinámica del Espíritu. Sin lugar a duda, todo retiro necesita planificación, trabajo tras bastidores, seguimiento adecuado, etc. Todo este trabajo humano, sin embargo, es en realidad secundario al objetivo subyacente, que es la invitación que cada uno recibe del Espíritu Santo a estar especialmente abierto, de forma colectiva e individual, durante este tiempo de retiro. Al participar, cada uno de nosotros se compromete implícitamente a estar abierto al Espíritu, tanto personal, como en pareja o en grupo. Esta apertura al Espíritu es lo que hace que el retiro no sea un hecho aislado, sino parte integral de nuestro camino espiritual más amplio.

Cabe mencionar una última palabra sobre los retiros de grupo y/o de pareja. Los retiros cortos de, por ejemplo, un día o un fin de semana, suelen tener un factor importante de capacitación, en la que el principal objetivo del evento está dirigido a "aprender" una técnica particular de la oración ignaciana. Tales retiros de formación llenan un papel muy útil en mejorar la calidad de mi vida personal de oración ignaciana y mi oración ignaciana compartida con los demás.

Es importante destacar que los retiros cortos no son un sustituto o alternativa a retiros más largos. Los retiros de más larga duración me sirven para mirar profunda y sistemáticamente mi camino espiritual personal. Como regla general, y según las circunstancias lo permitan, un retiro personal de cinco a ocho días cada dos años es un objetivo razonable.

E. Discernimiento en grupo y pareja

Como se mencionó en la sección de Conceptos Básicos, el discernimiento es "la cualidad ignaciana por excelencia". Esto se aplica dentro de una pareja o un grupo de oración tanto como a mi espiritualidad personal, pero con una aplicación ligeramente diferente.

La intimidad de la vida en pareja implica que casi todo lo que hago afecta a mi cónyuge, ya sea directamente o indirectamente, y viceversa. El discernimiento dentro de una pareja, entonces, significa que cada uno cultiva el hábito de "leer" los movimientos del espíritu, no sólo los míos, sino también de nuestra vida como pareja. A medida que crecemos juntos en la espiritualidad ignaciana esta "lectura de movimientos" más amplia se vuelve más y más natural y poco a poco se convierte en una parte integral de nuestra vida como pareja. En ocasiones cuando la vida nos enfrenta con una decisión importante, entonces tenemos tanto el hábito como las destrezas para ver esta decisión desde la perspectiva del ideal Ignaciano - "en todo amar y servir a Dios". [EE #233]

Lo mismo ocurre con un grupo de oración. El grupo crece espiritualmente ya que cada miembro desarrolla el hábito de "leer" los movimientos del Espíritu entre los otros miembros y dentro del grupo como un todo. Del mismo modo, habrá ocasiones en que el grupo tendrá que tomar una decisión importante (por ejemplo, para tomar, continuar, o incluso suspender un proyecto de grupo apostólico). En estos momentos, la capacidad del grupo de tomar una decisión en línea con la voluntad de Dios depende de la capacidad de cada miembro para detectar los movimientos del Espíritu no sólo dentro de sí mismo, sino también dentro del grupo como un todo. El discernimiento en grupo entonces, como el discernimiento individual, es a la vez un proceso continuo dentro de la pareja o grupo y también un método ignaciano con el cual las cuestiones importantes se pueden decidir. Es útil, por lo tanto, pensar en términos de (1) el discernimiento continuo y (2) un ejercicio de discernimiento puntual.

1. El discernimiento continuo

El discernimiento continuo significa desarrollar el hábito de buscar cómo el Espíritu se está moviendo dentro de mis relaciones con los miembros del grupo, o con mi cónyuge. Esto, a su vez, depende mucho de mis destrezas personales para compartir y escuchar activamente. Después de todo, solamente el intercambio eficaz permitirá a otros "ver" los movimientos del Espíritu dentro de mí. Del mismo modo, sólo escuchando activa y eficazmente soy capaz de "ver" los movimientos en los otros.

Es evidente que las modalidades son diferentes para una pareja y un grupo de oración. Dentro de la pareja, la intimidad de nuestra vida en común lleva al discernimiento colectivo que fluye más o menos sin problemas fuera de nuestro discernimiento individual. Nuestra sesión regular de oración es, pues, un momento especial para escucharnos recíprocamente. Con respecto a un grupo de oración, la reunión ordinaria es el equivalente al tiempo para esta escucha recíproca. Por tanto, en la pareja y el grupo de oración, la calidad de la participación y el "escuchar" es fundamental para el discernimiento continuo eficaz.

2. Ejercicio de discernimiento puntual

Un ejercicio de discernimiento puntual es un proceso más formal, normalmente bajo la dirección de un moderador o facilitador con experiencia que no es un miembro de la pareja o del grupo. Se puede llevar a cabo dentro de un retiro con el grupo o la pareja.

El ejercicio de discernimiento puntual se dirige a un tema específico, a una pregunta, una decisión importante a la que se enfrenta la pareja o grupo y que tiene una dimensión moral donde no hay un consenso claro en cuanto a cuál es la voluntad de Dios. El propósito del ejercicio de discernimiento es hacer precisamente esto: aclarar a través del consenso cuál es la voluntad de Dios para nosotros en este asunto. Cada uno de nosotros debe "escuchar" personalmente, compartir lo que 'escucha' de forma individual; escuchamos también lo que los otros han 'oído' de forma individual y colectiva para reflexionar sobre a dónde nos parece que Dios dirige nuestra voluntad colectiva.

El proceso puede ser organizado en una variedad de maneras. Su esencia consiste en rondas de reflexionar, compartir y escuchar. Las sesiones se basan en pasajes de las Escrituras (o lecturas similares) específicamente seleccionados. Estas sesiones están separadas por períodos de meditación personal sobre el tema que ahora también está iluminado por las opiniones de los demás.

El moderador desempeña un papel catalizador, ayudando a establecer el tema de una manera clara, constructiva y "abierta" de manera que, mediante la selección de pasajes de las Escrituras adecuadas, pueda facilitar las varias rondas de discusiones de grupo.

Poco a poco emerge un consenso sobre el tema - un entendimiento común y un plan de acción que refleja las ideas y sentimientos internos de todos los participantes; ... o puede que no desarrolle un consenso, que puede ser en sí una indicación de que no es Dios llamándonos por este camino.

Enséñame, oh Dios, a escuchar

Enséñame a escuchar, oh Dios,
    a los más cerca de mí,
    a mi familia, mis amigos, mis compañeros de trabajo.
    Ayúdame a estar consciente de que no importa las palabras
    que he oído, el mensaje es,
    "Acepta la persona que soy. Escúchame".

Enséñame a escuchar, mi Dios que te preocupas,
    a los que están lejos de mí-
    el susurro de la esperanza, el lamento del olvido,
    el grito del angustiado.

Enséñame a escuchar, oh Dios Madre,
    a mí mismo.
    Ayúdame a tener menos miedo
    a confiar en la voz interior -
    en lo más profundo de mí.

Enséñame a escuchar, Espíritu Santo,
    Tu voz -
    en el ajetreo y en el aburrimiento,
    en la certeza y la duda,
    en el ruido y en silencio.

Enséñame, Señor, a escuchar.

Amén.

---

adaptado por John Veltri, S.J.
Hearts on Fire: orando con los jesuitas
Editado por Michael Harter, S.J.
Loyola Press, 2004

Conclusión

Las páginas anteriores no son más que una introducción a la espiritualidad Ignaciana, una luz que toca algunos de los componentes principales de esta tradición amplia y profunda, con especial énfasis en su aplicación práctica en la vida de los laicos en el día de hoy. ¿Cuáles pueden ser algunos pensamientos finales que queremos dejar al lector?

En primer lugar: la espiritualidad Ignaciana no es un régimen espiritual monolítico — todo o nada — ni un régimen de mezcla heterodoxa abierta de la que se puede tomar un poco aquí y otro poco allá. Sus principios básicos y los diversos ejercicios encajan en un sistema coherente. Pero cada uno de nosotros es único; mi espiritualidad debe caber dentro de mi propia singularidad. Esto implica un cierto grado de iniciativa individual, de prueba y error. Lo importante es que yo oro, y que mi practica de oración refleje mi relación con Dios, una relación que crece.

En segundo lugar: tal vez el mejor indicador de estar en el camino correcto, el camino en que Dios me quiere, es una profunda sensación de alegría interior. Dios quiere para mí la alegría y no la tristeza, la paz y no la ansiedad — una alegría y una paz que satisface y perdura.

Finalmente: Dios me ama más de lo que puedo imaginar. No está de pie en alguna parte, esperando a que yo dé el primer paso. ¡No! Él me quiere, independientemente de donde estoy, y tal y como soy. Lenta y progresivamente, a través de estos ejercicios espirituales, aprendo a buscar a Dios en todas las cosas y aprendo a encontrarlo en todo mí alrededor. Lenta y progresivamente, maduro de forma natural para poder responder a este amor divino. Lenta y progresivamente aprendo el verdadero significado de mi vida:

— encontrar a Dios en todas las cosas, y
— por encima de todo, amar y servirLe.

Este folleto se abrió con una cita del Concilio Vaticano II sobre la misión apostólica de los laicos. Parece apropiado concluir con la siguiente cita, también del mismo documento:

"Pues el mismo Señor invita de nuevo a todos los laicos, por medio de este Santo Concilio, a que se unan cada vez más estrechamente, y sintiendo sus cosas como propias, se asocien a su misión salvadora. "

Concilio Vaticano II,
Apostolicam Actuositatem
(Decreto sobre el Apostolado de los Seglares
párrafo final)
18 de noviembre del 1965

Materia Adicional

¿A dónde ir desde aquí? Las siguientes son algunas de las fuentes que le pueden resultar útiles. Se agrupan en tres categorías:
a) los escritos de, y sobre, San Ignacio mismo;
b) algunas guías, manuales y interpretaciones de la espiritualidad ignaciana; y
c) algunos sitios de Internet útiles en español que ofrecen asistencia y dirección espiritual ignaciana.

Pero esta lista es muy limitada. Hay también muchas otras fuentes. Por lo tanto, es fundamental en seguir una práctica ignaciana - dejar que el Espíritu te guíe!

A. Los escritos de, y sobre, San Ignacio de Loyola

1. "Ejercicios Espirituales de San Ignacio de Loyola"
[Sal Terrae, Secretariado de Ejercicios, Maldonado 1, 28006 Madrid]

2. "El Peregrino, autobiografía de San Ignacio de Loyola" Introducción, notas y comentario" Josep M. Rambla Blanch, S.J. [Ediciones Mensajero, Sal Terrae]

3. "Ignacio de Loyola, solo y a pie"; J. Ignacio Tellechea Idígoras; sexta edición. Ediciones Sígueme, Salamanca, 1997

B. Guías, manuales, interpretaciones de la espiritualidad ignaciana

4. "En Casa Con Dios", Neale Donald Walsch

5. "Dios con nosotros — meditaciones" por Karl Rahner, S.J. (traducido por Bernardo Bravo), Biblioteca de Autores Cristianos de EDICA S.A.. Madrid (1974)

6. "Coloquios nocturnos en Jerusalén — sobre el riesgo de la fe", Card. Carlos M. Martini y Georg Sporschill, Centro Iberamericano de Editores Paulinos. San Pablo, Madrid, 2008

7. "La Transparencia del Barro" por Benjamín González Buelta, S.J. [Ediciones MSC, Santa Domingo, Rep. Dom., 1991]

8. "Orar en un Mundo Roto" por Benjamin Gonzalez Buelta,S.J. [Ediciones MSC, Santa Domingo, Rep. Dom., 2002]

9. "El Cristo Interior" por Javier Melloni, S.J. [Publidisa, España, 2010].

10. Revista de Espiritualidad Ignaciana [Boletín del Consilium Ignatianae Spiritualitatis, Roma, Italia].

C. Sitios útiles en Internet

11. **Comunidad de Vida Cristiana (CVX)**
    http://www.cvx-clc.net/l-sp/index.php

    "La Comunidad de Vida Cristiana es una asociación internacional de fieles cristianos — hombres y mujeres, adultos y jóvenes, de todas las condiciones sociales — que desean seguir más de cerca a Jesucristo y trabajar con Él en la construcción del Reino. Sus miembros integran pequeños grupos que forman parte de comunidades más amplias a nivel regional y nacional, constituyendo *UNA Comunidad Mundial*, y están presentes en los cinco continentes y en casi 60 países.

    "El carisma de CVX y su espiritualidad son ignacianos. Los Ejercicios Espirituales de San Ignacio constituyen la fuente específica de este carisma y el instrumento característico de esta espiritualidad. Los rasgos de la *cristología ignaciana* configuran el estilo de vida CVX: austero, sencillo, solidario con los más pobres y con los marginados, integrando contemplación y acción, en todo amando y sirviendo en la Iglesia, y con discernimiento." [de su website]

12. **La cueva de San Ignacio**
    (Santuario y Centro Internacional de Espiritualidad),
    Manresa, España
    www.covamanresa.cat

    "En la efemérides del 2022 (500 años de la estancia de Ignacio en Manresa) deseamos potenciar eficazmente la atracción que Manresa ha tenido a lo largo de medio milenio, en tanto que cuna de las espiritualidades ignacianas (religiosas y seglares) y de toda la obra cultural, social, pedagógica... que nace de ellas.

    "La "misión" de la Cueva de San Ignacio (Santuario y Centro

Internacional de Espiritualidad) es *ser "memoria" de esta "fuente" originante*.

"Y sólo será "memoria" (en el más genuino espíritu ignaciano) si es *creativa*, si es capaz de dejarse golpear por los retos de la compleja realidad de nuestro hoy, por sus "gozos y esperanzas, tristezas y angustias".

"En esta época de internacionalismo y globalización deseamos facilitar que la "Cueva de S. Ignacio" continué siendo, como lo ha sido durante quinientos años:

1. *Punto de referencia de las familias ignacianas y de las obras impulsadas por ellas.*
2. *Lugar de transformación interior como lo fue para Ignacio.*
3. Escuela de formación en espiritualidad, especialmente para "formadores" y agentes "multiplicadores".
4. Escuela de valores. La actividad del Centro desea vehicular una formación que conjugue, a título de ejemplo: interioridad y profundidad, capacidad de análisis y discernimiento, sentido crítico y compromiso social, conciencia individual y social, etc.

"Creemos que el *lugar santo* de la "Cueva de San Ignacio", donde Ignacio se encontró con el Señor Jesús con la inmediatez de *un amigo que habla con su amigo*, está obligado a responder a esta demanda que deseamos ofrecer desde los cuatro ámbitos que contempla la "visión"." [de su website]

13. **Conferencia de provinciales jesuitas en América Latina**

"www.cpalsj.org" [que incluye una lista de Centros Ignacianos de Espiritualidad en América Latina.]

14. **Secretariado de la espiritualidad ignaciana**
Curia de la Compañía de Jesús, Roma
www.sjweb.info

"El Secretariado para el Servicio de la Fe recibe por el Superior General la responsabilidad de coordinar y apoyar la labor de los Jesuitas y de nuestros compañeros de trabajo en el sector de Ministerios Pastorales y de la Espiritualidad. Estos incluyen los programas basados en los Ejercicios Espirituales, la pastoral juvenil, la pastoral parroquial; capellanías en escuelas, universidades, hospitales y prisiones así como la catequesis de adultos. El Secretariado alienta el intercambio de información y la colaboración entre sectores apostólicos, siempre trabajando en estrecha colaboración con los Secretarios de Justicia y Ecología y de la Colaboración como también con los Coordinadores de Asistencias." [de su website]

— **Notas personales** —

— **Notas personales** —

La oración ignaciana

"Toma, Señor, y recibe
toda mi libertad, mi memoria, mi entendimiento,
toda mi voluntad,
todo lo que tengo y poseo.
Tú, Señor, me lo diste;
a Ti, Señor, lo torno.
Todo es tuyo,
dispón según Tú voluntad.
Dame tu amor y tu gracia.
que esto me basta."

Anima Christi [1]

Alma de Cristo, santifícame.
Cuerpo de Cristo, sálvame.
Sangre de Cristo, embriágame.
Agua del costado de Cristo, lávame.
Pasión de Cristo, confórtame.
¡Oh, buen Jesús!, óyeme.
Dentro de tus llagas, escóndeme.
No permitas que me aparte de Ti.
Del maligno enemigo, defiéndeme.
En la hora de mi muerte, llámame.
Y mándame ir a Ti.
Para que con tus santos te alabe.
Por los siglos de los siglos.
Amén.

---

[1] Una oración del siglo 14 y una de las favoritas de San Ignacio.

Made in United States
North Haven, CT
12 August 2023